CATALOGUE

DES

OBJETS D'ART

ET

DE CURIOSITÉ

DE LA RENAISSANCE ET DU XVIIe SIÈCLE

FAIENCES ITALIENNES ET PERSANES

Verres de Venise, Émaux de Limoges

BRONZES D'ART, PLAQUETTES

Coutellerie, Clefs, Armes, Fers

BIJOUX, ORFÈVRERIE, MATIÈRES DURES

Sculptures, Bois, Ivoires

OBJETS VARIÉS

ÉTOFFES, TAPIS

TAPISSERIES

Composant la troisième vente Beurdeley

QUI AURA LIEU PAR SUITE DE DÉCÈS

HOTEL DROUOT, SALLE N° 6

Les Mercredi 5, Jeudi 6 et Vendredi 7 Juin 1895

A DEUX HEURES

COMMISSAIRE-PRISEUR	EXPERT
Me PAUL CHEVALLIER	M. CHARLES MANNHEIM
10, rue de la Grange-Batelière, 10	7, rue Saint-Georges, 7

EXPOSITION PUBLIQUE

Le Mardi 4 Juin 1895, de une heure et demie à cinq heures et demie

CONDITIONS DE LA VENTE

Elle sera faite *expressément* au comptant.

Les Acquéreurs payeront CINQ POUR CENT en sus des adjudications.

L'Exposition mettant le public à même de se rendre compte de l'état et de la nature des objets, il ne sera admis aucune réclamation une fois l'adjudication prononcée.

Paris. — Imprimerie de l'Art, E. MOREAU et Cie, 41, rue de la Victoire.

ORDRE DES VACATIONS*

Le Mercredi 5 Juin 1895

Faiences italiennes	Nos	1	à	12
Faiences de Perse, de Rhodes et de Kutaya	—	13	à	108
Faiences de Palissy et autres	—	109	à	112
Verres de Venise et autres	—	113	à	125

Le Jeudi 6 Juin 1895

Émaux de Limoges	Nos	126	à	131
Bronzes d'art	—	132	à	163
Plaquettes	—	164	à	174
Coutellerie	—	175	à	216
Clefs	—	217	à	232
Armes	—	233	à	251
Fers	—	252	à	255

Le Vendredi 7 Juin 1895

Bijoux	Nos	256	à	271
Orfèvrerie	—	272	à	276
Matières dures	—	277	à	286
Sculptures	—	287	à	294
Ivoires et Bois	—	295	à	308
Objets variés, Meuble	—	309	à	327
Étoffes	—	328	à	342
Tapisseries, Tapis	—	343	à	350

* N. B. — *L'ordre numérique ne sera pas suivi.*

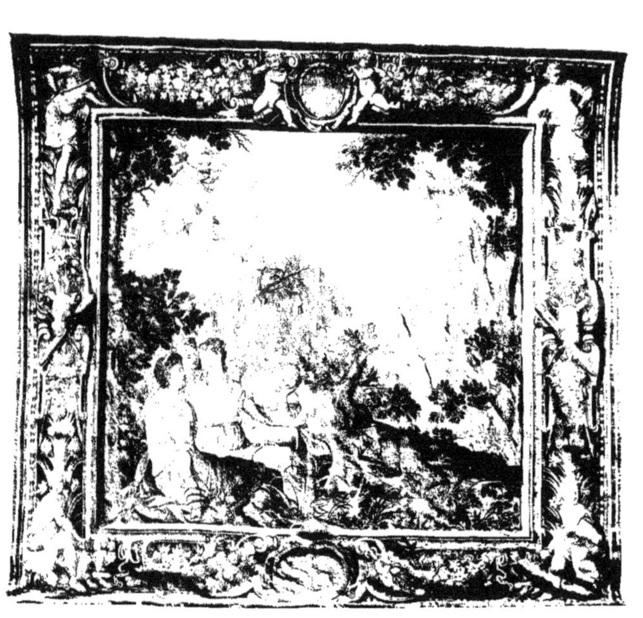

DÉSIGNATION DES OBJETS

FAIENCES ITALIENNES

1 — Grande coupe sur piédouche décorée extérieurement de godrons polychromes et d'arabesques dessinées en bleu ; à l'intérieur, un décor analogue entoure un écusson d'armoiries. Faenza ; fin du XVe siècle.

Haut., 18 cent. ; diam., 33 cent.

2 — Petit plat décoré, au fond, d'un génie se précipitant sur une épée. Le marli, à fond jaune d'ocre et ornements polychromes, présente quatre réserves décorées de têtes ailées sur fond bleu. Chaffagiollo. XVIe siècle.

3 — Petite coupe décorée d'un dessin gaufré en relief imitant la disposition d'un pavage dessiné en bleu lavé de jaune à reflets métalliques. Gubbio, commencement du XVIe siècle.

Diam., 18 cent.

4 — Coupe : Alexandre et Diogène ; le philosophe est représenté assis près de son tonneau et interpelle le roi pour qu'il se retire de son soleil. Au revers, l'indication du sujet. Castel-Durante, milieu du XVIe siècle.

Diam., 27 cent.

5 — Assiette creuse à larges bords : Abraham, précédé d'Isaac, se dirige vers le lieu où il doit immoler son fils ; fond de paysage

montagneux. Dans le haut, un écusson d'armoiries écartelé aux armes des Visconti. Castel-Durante, milieu du XVIe siècle.

Diam., 26 cent.

6 — Écuelle : au fond, sur un rocher au bord de la mer, est assise Omphale qui semble donner des ordres à Hercule qui, debout devant elle, manie un fuseau et une quenouille. Entre ces deux personnages, on voit l'Amour enfant. L'intérieur est décoré de figures de génies naviguant sur des dauphins. Castel-Durante, milieu du XVIe siècle.

Diam., 16 cent.

7 — Coupe : à l'intérieur est peint un portrait de femme en buste de trois quarts à droite, vêtue d'une chemisette, les cheveux nattés et recouverts d'une draperie. Sur le fond, une banderole sur laquelle on lit : *Faustina bella*. Castel-Durante, fin du XVIe siècle. Cadre en bois sculpté, peint et doré, décoré de mascarons.

Diam., 26 cent.

8 — Grand plat à décor polychrome offrant en son centre une figure de chasseur accompagné d'un chien ; sur les bords, des palmettes et des fleurons. Revers émaillé blanc. Deruta, fin du XVIe siècle.

Diam., 345 millim.

9 — Petite coupe : à l'intérieur est figurée l'Adoration des bergers ; à l'extérieur, quatre figures d'amours entourés de nuages. Urbino, seconde moitié du XVIe siècle.

Diam., 14 cent.

10 — Assiette : au centre, la Création de la femme ; sur les bords, des grotesques sur fond blanc ; au revers, une marque composée d'un M et d'un T conjugués. Urbino, atelier des Patanazzi, dernier quart du XVIe siècle.

Diam., 22 cent.

11 — Deux bouteilles à panses sphériques surmontées d'un col cylindrique évasé légèrement vers son orifice. Elles sont décorées de

médaillons contenant des bustes de saints, de grosses fleurs et de rinceaux se détachant sur un fond bleu. Venise, fin du XVIe siècle.

Haut., 22 cent.

12 — Chauffe-mains en forme de livre en poterie décorée de gravures sur engobe teinté de bleu et de brun. Sur l'une des faces, un portrait de femme ; sur l'autre, un portrait de jeune homme ; tous les deux portent le costume du XVIIe siècle. Poterie gravée dite à la Castellana. Italie, XVIIe siècle.

Haut., 16 cent. ; larg., 135 millim.

FAIENCES DE PERSE, DE RHODES
ET DE KUTAYA

13 — Vase en forme de nacelle gravé sous émail blanc et muni à ses deux extrémités de deux petites anses surmontées de têtes d'animaux. Perse, XVIe siècle.

Larg., 36 cent.

14 — Aiguière en faïence blanche gravée sous émail. Perse, XVIe siècle.

Haut., 27 cent.

15 — Aiguière en faïence bleu turquoise à col largement évasé. Le goulot et le col sont restaurés en bronze gravé. Perse, XVIe siècle.

Haut., 24 cent.

16 — Petit vase à parfums à panse piriforme et goulot étroit émaillé de blanc. Perse, XVIe siècle.

Haut., 10 cent.

17 — Petit vase cylindrique en faïence blanche imitant la porcelaine.

Haut., 8 cent.

18 — Petit plat décoré d'un vase d'œillets et d'arabesques exécutés en reflets métalliques sur fond blanc. Perse, XVIe siècle.

Diam., 22 cent.

19 — Assiette en faïence blanche gravée sous émail à revers brun. Perse, XVIe siècle.

Diam., 215 millim.

20 — Assiette en faïence blanche gravée sous émail. Perse, XVIe siècle.

Diam., 25 cent.

21 — Assiette décorée d'une rosace et de quatre fleurons bleu foncé sur fond blanc. Perse, XVIe siècle.

Diam., 225 millim.

22 — Crachoir piriforme en faïence blanche, décoré de fleurs et de feuillages peints en jaune rehaussés de reflets métalliques. Perse, XVIe siècle.

Haut., 10 cent.

23 — Petit vase à panse renflée, décoré de feuillages bleu sombre sur fond blanc. Perse, XVIe siècle.

Haut., 9 cent.

24 — Vase ovoïde décoré de petits bouquets tracés en brun et bleu sur fond blanc. Perse, XVIe siècle.

Haut., 13 cent.

25 — Petit plat à fond blanc décoré d'un arbre stylisé exécuté en bleu et en manganèse. Perse, XVIIe siècle.

Diam., 215 millim.

26 — Assiette décorée en son centre d'une étoile et sur son marli de feuillages et de grappes en bleu, brun et violet. Perse, XVIIe siècle.

Diam., 20 cent.

27 — Assiette décorée en son centre d'une marguerite et sur ses bords de compartiments ornés de tiges de fleurs en bleu et en manganèse. Perse, XVIIe siècle.

Diam., 21 cent

28 — Assiette décorée de bouquets de fleurs et d'une frise composée de motifs cordiformes en bleu, brun et manganèse.

Diam., 25 cent.

29 — Petit vase en forme de chaussure, émaillé de bleu turquoise avec décor de style chinois tracé en noir. Perse, XVIIe siècle.

Long., 14 cent.

30 — Petite coupe montée sur piédouche décoré de bouquets peints en reflets métalliques sur fond blanc. Perse, XVIe siècle.

Haut., 6 cent.

31 — Grand bol décoré de rinceaux et d'ornements exécutés en bleu, brun et manganèse. Perse, XVIIe siècle.

Diam., 305 millim.

32 — Grand bol décoré de fleurs et d'oiseaux dessinés en noir et bleu sur fond blanc. Perse, XVIIe siècle.

Diam., 27 cent.

33 — Petit bol entièrement décoré de reflets métalliques rouge rubis. Perse, XVIe siècle.

Diam., 7 cent.

34 — Petit bol décoré de rinceaux peints en reflets métalliques sur fond bleu turquoise clair. Perse, XVIe siècle.

Diam., 75 millim.

35 — Assiette émaillée de brun décorée d'une rosace et d'une bordure exécutée en blanc. Imitation de faïences coréennes. Perse, XVIIe siècle.

Diam., 205 millim.

36 — Bouteille à parfums piriforme montée sur piédouche, décorée de feuillages en reflets métalliques sur fond bleu. Perse, XVIe siècle.

Haut., 19 cent.

37 — Petit vase à large panse à col resserré émaillé de bleu et décoré de compartiments d'arabesques dessinés en blanc. Perse, xviie siècle.

Haut., 11 cent.

38 — Bouteille piriforme à fond blanc décoré de bandes d'ornements en bleu et rouge saumon. Perse, xvie siècle.

Haut., 28 cent.

39 — Bouteille piriforme à long col, décorée de bandes verticales et d'une frise horizontale tracée en bleu sur fond blanc. Perse, xviie siècle.

Haut., 30 cent.

40 — Bouteille piriforme à long col décorée de rosaces, de feuillages et de lambrequins de style chinois en bleu sur fond blanc. Perse, xviie siècle.

Haut., 33 cent.

41 — Grand plat décoré de fleurs, de style chinois, dessinées en bleu sur fond blanc; sur le bord, des fleurons gravés en creux. Perse, xviie siècle.

Diam., 45 cent.

42 — Assiette creuse à décor de style chinois tracé en brun et en bleu. Perse, xviiie siècle.

Diam., 23 cent.

43 — Bouteille piriforme côtelée, émaillée de vert. Perse, xviie siècle.

Haut., 20 cent.

44 — Aiguière à col évasé, décorée d'ornements imitant des palmettes peintes en noir et bleu sur fond blanc. Perse, xviie siècle.

Haut., 20 cent.

45 — Bouteille piriforme à col évasé interrompu par un anneau saillant : sur la panse, trois figures de femmes dans différentes attitudes. Perse.

Haut., 27 cent.

46 — Vase piriforme décoré d'imbrications dessinées en bleu et de bandes réservées en blanc sur fond vert cendré. Perse, XVIIe siècle.

Haut., 17 cent.

47 — Bouteille piriforme à col cylindrique, décorée de feuillages et d'arabesques tracés en bleu sur fond blanc. Perse, XVIIe siècle.

Haut., 28 cent.

48 — Petit vase à panse sphérique aplatie, à col étroit, décoré d'inscriptions et de fleurs de style chinois. Perse, XVIIIe siècle.

Haut., 13 cent.

49 — Vase en faïence blanche à décor de style chinois tracé en bleu affectant la forme d'un éléphant accroupi, sur le dos duquel se dresse un goulot cylindrique. Perse, XVIIe siècle.

Haut., 21 cent.

50 — Petit vase à large panse décoré de godrons et de larges fleurs peintes en bleu lapis sur fond blanc. Perse, XVIIe siècle.

Haut., 95 millim.

51 — Vase piriforme émaillé de bleu turquoise et décoré d'imbrications tracées en reflets métalliques. Perse, XVIIIe siècle.

Haut., 12 cent.

52 — Petite assiette à bords contournés décorée en son centre d'une figure de lion en noir et bleu. Imitation de porcelaine de Chine. Perse, XVIIIe siècle.

Diam., 20 cent.

53 — Petite assiette à bords contournés décorée en son centre d'un oiseau perché sur un rocher en noir et bleu. Imitation de porcelaine de Chine. Perse, XVIIIe siècle.

Diam., 20 cent.

54 — Petite assiette à fond blanc décorée en son centre d'un médaillon contenant un monogramme et sur ses bords de quatre pommes de pin. Décor en bleu. Perse, XVIIIe siècle.

Diam., 175 millim.

55 — Narghilé piriforme en faïence bleu lapis. Perse, XVIIIe siècle.

Haut., 21 cent.

56 — Narghilé à panse piriforme aplatie ; décor de personnages de style chinois exécuté en bleu. Perse, XVIIIe siècle.

Haut., 20 cent.

57 — Vase en forme de boule aplatie émaillé de vert clair. Le col manque. Perse, XVIIe siècle.

Haut., 10 cent.

58 — Vase à large panse à col cylindrique décoré d'oiseaux et de bandes verticales dessinées en bleu. Perse.

Haut., 22 cent.

59 — Porte-bouquet à panse piriforme muni de cinq goulots. Décor de style chinois en bleu grisâtre. Perse.

Haut., 22 cent.

60 — Narghilé décoré de bandes d'ornements bleu, vert sombre et rouge saumon sur fond blanc. Perse, XVIIIe siècle.

Haut., 28 cent.

61 — Grand plat rond à bords festonnés en ancienne faïence de Perse à fond bleu et réserve de rosace en blanc produite par l'enlevage. Le revers blanc présente une couronne d'ornements.

Diam., 47 cent.

62 — Grand plat rond décoré à l'imitation du céladon vert de Chine (ton purée de pois) à branches fleuries émaillées blanc.

Diam., 49 cent.

63 — Vase en forme d'animal debout surmonté d'un cornet, de décor analogue à la pièce qui précède.

Haut., 18 cent.

64 — Vase ovoïde à deux anses, de même décor que les pièces qui précèdent.

Haut., 34 cent.

65 — Plat rond à décor de fleurs et de chimère en bleu sur blanc et bord gaufré à quadrillages.

Diam., 37 cent.

66 — Grand plat rond décoré au fond d'un médaillon présentant un vase en jaune et des fleurs en bleu sur blanc.

Diam., 49 cent.

67 — Bouteille à panse sphérique à côtes, émaillée bleu turquoise et à dessin formé de points saillants.

Haut., 15 cent.

68 — Vase à panse sphérique et col évasé, décoré de feuillages à reflets métalliques sur fond bleu.

Haut., 28 cent.

69 — Plat rond à décor bleu. Au fond, un cheval au galop et des fleurs ; au pourtour, fleurs et feuillages formant rinceaux.

Diam., 41 cent.

70 — Vase à fleurs à cinq goulots, à décor de fleurs à reflets métalliques sur fond blanc.

Haut., 25 cent.

71 — Très petit vase à panse surbaissée et à col évasé ; décor à reflets sur fond blanc.

Haut., 7 cent.

72 — Vase en forme de carafe à décor bleu à médaillons et rosaces.

Haut., 25 cent.

73 — Flacon de forme aplatie à décor d'arbustes et d'animaux gaufrés en relief et émaillé vert uni.

Haut., 20 cent.

74 — Grand vase, forme potiche, à compartiments séparés par des arêtes saillantes. Décor bleu à fleurs et ornements.

Cette pièce rappelle par son décor le type des porcelaines florentines dites de Médicis.

Haut., 44 cent.

75 — Vase à panse surbaissée et à col évasé, décor bleu de style chinois, à fleurs, ornements et oiseaux.

76 — Petite jardinière ronde à côtes bordée à sa partie supérieure d'ornements fleuronnés et découpés. Décor bleu et entredeux gaufrés.

Haut., 11 cent.

77 — Plat rond à décor bleu, à chimères et fleurs en noir et bleu, compartiments d'oiseaux et quadrillages au bord avec entredeux gaufré à ornements.

Diam., 46 cent.

78 — Plat rond à décor bleu : main et fleurs au fond et couronne de fleurs arabesques au bord.

Diam., 36 cent.

79 — Vase à panse sphérique et long col évasé, ce dernier à rosaces réticulées à jour et remplies par la couverte à l'imitation du grain de riz chinois : décor bleu.

Haut., 23 cent.

80 — Petite buire piriforme à décor à reflets métalliques cuivreux.

Haut., 14 cent.

81 — Petit vase, forme potiche, à décor de lambrequins en bleu et brun sur fond enfumé.

Haut., 15 cent.

82 — Bouteille à panse aplatie et profilée sur les côtés avec goulot renflé orné, comme l'épaulement du vase, de palmettes en relief. Il est émaillé bleu turquoise uni.

Haut., 32 cent.

83 — Chope à cannelures verticales et à une anse décorée de branches de fleurs polychromes et de feuillages verts en entredeux.

Haut., 11 cent.

84 — Chope analogue à celle qui précède et rehaussée de bleu turquoise.

Haut., 11 cent.

85 — Bouteille à long col décorée de fleurs et d'ornements bleus de style chinois.

Haut., 36 cent.

86 — Très petite buire à panse sphérique à fond bleu et à décor d'ornements à reflets métalliques cuivreux.

Haut., 9 cent.

87 — Vase surbaissé à col évasé, à décor de feuillages à reflets métalliques sur fond bleu.

Haut., 11 cent.

88 — Vase, forme potiche, décoré de lambrequins dessinés au trait en bleu et rouge.

Haut., 19 cent.

89 — Bouteille piriforme à dessins bleus sur fond marron.

Haut., 30 cent.

90 — Vase à panse circulaire aplatie à décor bleu. Chacune des faces déprimées à leur centre présente deux figures nues debout sur un fond bleu semé de fleurs dessinées au trait.

Haut., 26 cent.

91 — Buire à panse sphérique lobée et col plissé évasé décorée de fleurs à reflets métalliques sur fond bleu. L'intérieur du col a un décor à reflets sur fond blanc.

Haut., 20 cent.

92 — Flacon de forme aplatie à panneaux à ressauts décorés de fleurs et de feuillages verts et rouges et d'ornements bleus sur blanc au pourtour.

Haut., 15 cent.

93 — Bouteille à panse aplatie et lobée et à col à ornements saillants, émaillée bleu uni sur chacune de ses faces, branches fleuries en relief émaillées bleu sur fond jaunâtre.

Haut., 28 cent.

94 — Flacon de Khalian décoré de fleurs arabesques en bleu.

Haut., 19 cent.

95 — Flacon de Khalian décoré de palmes à fleurs et feuillages en bleu et rouge et de compartiments à fond bleu.

Haut., 34 cent.

96 — Plat rond décoré de compartiments ornés en bleu et brun et, au pourtour, d'un dessin réservé au trait sur fond noirâtre.

Diam., 34 cent.

97 — Vase cylindrique à anse à section rectangulaire; décor de feuillages et de barques sous voiles, exécuté en rouge, bleu et vert. Rhodes, XVIIIe siècle.

Haut., 21 cent.

98 — Petit vase à panse piriforme, décoré de fleurons et de tulipes sur fond blanc. Rhodes, XVIIe siècle.

Haut., 17 cent.

99 — Vase à panse piriforme, décoré de fleurons réservés en blanc, teintés de rouge sur fond vert sombre. Rhodes, XVIIe siècle.

Haut., 21 cent.

100 — Plat décoré de tulipes teintées de bleu et de rouge sur fond blanc; rehauts d'or. Rhodes, XVIIIe siècle.

Diam. 25 cent.

101 — Plat décoré en son centre d'une grande rosace de style arabe, teintée de bleu, vert et rouge sur fond blanc. Rhodes, XVIIIe siècle.

Diam., 28 cent.

102 — Plat décoré d'une tige de jacinthes, de tulipes et de pivoines sur fond blanc. Rhodes, XVIIIe siècle.

Diam., 29 cent.

103 — Plat décoré d'une gerbe de pivoines environnant une grande palmette; décor bleu, rouge et vert rehaussé d'or. Rhodes, XVIIIe siècle.

Diam., 325 millim.

104 — Vase cylindrique muni d'un anse, décoré de palmes et de bouquets rouge, vert et violet. Kutaya, XVIIIe siècle.

Haut., 105 millim.

105 — Vase cylindrique muni d'une anse et d'un couvercle surmonté d'un bouton, décoré de bandes d'ornements polychomes de style indien. Kutaya, XVIIIe siècle.

Haut., 16 cent.

106 — Tasse et soucoupe décorées de bouquets polychromes de style indien sur fond blanc. Kutaya, XVIIIe siècle.

Diam., 12 cent.; haut., 4 cent.

107 — Petit plat en faïence de Kutaya à fond blanc, décoré d'un oiseau et de fleurs teintées de rouge, de vert et de jaune.

Diam., 15 cent.

108 — Petit plat en faïence de Kutaya à fond blanc, décoré d'un oiseau et de fleurs teintées de rouge, de vert et de jaune.

Diam., 15 cent.

FAIENCES DE PALISSY ET AUTRES

109 — Grand plat ovale décoré dans son centre de poissons nageant dans une rivière qui entoure une île sur laquelle sont disposés des coquillages et des grenouilles; sur les bords, des feuillages alternent avec des reptiles, des insectes et des rainettes. Revers jaspé. Palissy, XVIe siècle.

Larg., 52 cent.

110 — Plat ovale à cinq cavités, bordé d'un galon qui entoure la pièce ; entre les cavités, des palmettes découpées à jour ; le fond jaspé de bleu. Faïence de Palissy.

Larg., 30 cent.

111 — Grand plat rond et creux en terre émaillée brun, jaune et vert à décor gravé sous engobe, représentant une scène de maraudeurs surpris par un garde. Devant la bouche de ce dernier, l'inscription française : *A bas*.

Diam., 50 cent.

112 — Écritoire en forme de monument sur lequel sont groupés des représentations en relief de lions, d'oiseaux et d'animaux fantastiques. Travail allemand. XVIIe siècle.

Haut., 29 cent.

VERRES DE VENISE ET AUTRES

113 — Coupe montée sur piédouche, décorée en son centre d'un médaillon émaillé représentant un homme en costume du XVe siècle sur un monstre marin ; les bords sont frottés d'or. Venise, fin du XVe siècle.

Diam., 24 cent.

114 — Petit seau à panse côtelée, muni d'un bec et d'une anse travaillée à la pince surmontée d'un oiseau. Venise, XVIe siècle.

Haut., 18 cent.

115 — Hanap de verre incolore ; la coupe est de forme cylindrique décorée de pastillages de teintes bleues ou dorées ; le pied en forme de balustre est frotté d'or. Venise, XVIe siècle.

Haut., 23 cent.

116 — Vase à panse piriforme, surmonté d'un long col évasé à son orifice ; décor de laticinio. Venise, XVIe siècle.

Haut., 22 cent.

117 — Coupe en forme de tulipe de teinte brune; le pied en forme de balustre flanqué d'ailettes travaillées à la pince et de verre bleu et incolore. Venise, XVIe siècle.

Haut., 18 cent.

118 — Coupe décorée de godrons disposés en hélice et en son centre d'une rosace émaillée de bleu et de rouge; dans les bords, des imbrications d'or et d'émail. Venise, commencement du XVIe siècle.

Diam., 28 cent.

119 — Bouteille à large panse aplatie, et long col évasé vers son orifice en verre jaspé de rouge, de bleu et de blanc; sur les côtés, deux petites anses ornées de pastillages frottés d'or. Venise, XVIIe siècle.

Haut., 285 millim.

120 — Burette en verre jaspé de jaune et de rouge vif, munie d'une anse de verre bleu travaillé à la pince. Venise, XVIIe siècle.

Haut., 15 cent.

121 — Petit flacon à quatre pans en verre agatisé et aventuriné. Venise, XVIe siècle.

Haut., 7 cent.

122 — Petit vase de forme Médicis en verre aventuriné. Le socle est serti d'argent doré. Venise, XVIIe siècle.

Haut., 55 cent.

123 — Flambeau : la tige est de verre torciné blanc, bleu et jaune; le pied et le binet sont de verre incolore.

Haut., 29 cent.

124 — Coupe de verre incolore décorée de festons exécutés en émail jaune et vert : un cadran, un oiseau et des chiens. Barcelone. XVIIe siècle.

Diam., 205 millim.

125 — Bouteille à long col et à panse déprimée sur piédouche circulaire décoré de médaillons émaillés de bleu et d'inscriptions tracées en or. Travail oriental, XVe siècle.

Haut., 32 cent.

ÉMAUX DE LIMOGES

126 — Châsse en forme de maison en cuivre champlevé et émaillé, décorée sur toutes ses faces de médaillons-bustes d'anges gravés et dorés sur fond d'émail blanc. Le fond est couvert de rinceaux réservés sur fond bleu. Elle est surmontée d'une crête ajourée garnie de trois boules de cristal de roche. Limoges, XIIIe siècle.

127 — Deux plaques en hauteur, cintrées sur l'un de leurs côtés, représentant deux femmes debout vêtues de longues tuniques; grisailles rehaussées d'or. Le même encadrement contient un médaillon circulaire représentant une sybille à mi-corps accompagnée d'une figure d'enfant et d'une banderole sur laquelle on lit : « *Verbum Dei incarnatum* ». Atelier des *Pénicaud*. Limoges, XVIe siècle.

Hauteur des plaques latérales, 19 cent.; Diamètre du médaillon, 715 millim.

128 — Plaque rectangulaire représentant Galathée debout sur les flots, environnée de divinités marines sonnant de la trompe. Grisaille rehaussée d'or, chairs légèrement saumonnées. Revers de fondant. Jean III Pénicaud. Limoges, XVIe siècle.

Haut., 65 millim ; long., 18 cent.

129 — Plaque rectangulaire représentant Neptune tenant en main le trident et conduisant des chevaux marins. Près de lui, une divinité marine sonne de la trompe, tandis qu'un centaure enlève une femme. Grisaille rehaussée d'or, chairs saumonnées. Revers de fondant. Jean III Pénicaud. Limoges, XVIe siècle.

Haut., 64 cent.; long., 18 cent.

130 — Couvercle de coupe décoré en grisaille de quatre médaillons bombés, offrant deux bustes d'hommes et deux bustes de femmes. Entre les médaillons sont disposés des trophées et des cartouches sur lesquels on lit la signature et la date *L. L. 1539*. L'intérieur

du couvercle est décoré pareillement de quatre médaillons en camaïeu d'or alternant avec des trophées. Le bouton de ce couvercle a été refait. *Léonard Limousin, 1539.*

131 — Deux plaques rectangulaires peintes en grisaille avec rehauts de bleu et de dorure représentant : l'une, la Vierge dans sa gloire ; l'autre, sainte Madeleine en prières.

BRONZES D'ART

132 — Bassin décoré sur son pourtour d'une inscription interrompue par des médaillons ornés d'arabesques et d'oiseaux. Travail arabe, XIVe siècle.

Diam., 28 cent.

133 — Seau muni d'une anse hémicirculaire décoré de fines arabesques s'enlevant sur un fond noirci, et d'incrustations d'argent. Travail vénitien, XIVe siècle.

Diam., 25 cent.

134 — Grand plat décoré d'arabesques et d'incrustations d'argent. Travail vénitien, XVIe siècle.

Diam., 485 millim.

135 — Flambeau : la base est en forme de tronc de cône : la tige ainsi que le binet sont décorés d'arabesques incrustées d'argent. Imitation vénitienne d'un modèle oriental, XVe siècle.

Haut., 18 cent.

136 — Encrier de forme triangulaire décoré sur chacune de ses faces de mufles de lions et d'arabesques : pied en forme de griffes de lions surmontées d'une large feuille frisée. École de Padoue. Commencement du XVIe siècle.

Haut., 70 millim.

137 — Encrier : il affecte la forme d'une vasque circulaire flanquée de trois bustes de femmes ailées qui servent de supports. Venise, milieu du XVIe siècle.

Haut., 90 millim.

138 — Encrier de forme triangulaire à angles coupés présentant sur chacune de ses faces une figure, en bas-relief, de musicien ou suivant de Bacchus et offrant au fond, entre trois griffes de lions, un médaillon rond décoré d'un buste d'amour en bas-relief. Bronze italien du XVIe siècle.

139 — Bassin de forme circulaire décoré sur son pourtour de mufles de lions et de grands rinceaux terminés par des fruits. Métal de cloche. Padoue, commencement du XVIe siècle.

Diam., 14 cent.

140 — Petit seau à panse renflée décorée de feuilles d'eau, de godrons, de rosettes et muni d'une anse semi-circulaire. Padoue, commencement du XVIe siècle.

Diam., 9 cent.

141 — Sonnette décorée de festons, de médaillons imités de l'antique et de pièces d'armoiries accompagnées du chiffre P. A. Padoue, fin du XVe siècle.

Haut., 15 cent.

142 — Douze bustes représentant la série des Césars, montés sur des piédouches accompagnés d'un cartouche portant les premières lettres de chacun des personnages. Ils sont laurés et cuirassés; les têtes sont dorées. Italie, fin du XVIe siècle.

Haut., 13 cent.

143 — Tête de satyre barbu : ses cheveux frisés cachent à demi ses oreilles pointues. Italie, XVIe siècle.

Haut., 85 millim.

144 — Sonnette décorée de frises et ornée de palmettes, de têtes d'anges, de bucranes et de festons; on y lit la signature : *Orlando de Verona fecit*. Italie, fin du XVe siècle.

Haut., 12 cent.

145 — David : debout, vêtu d'une tunique courte, le jeune David foule aux pieds la tête de Goliath qu'il vient de trancher d'un sabre qu'il

tient de la main droite ; de la main gauche ramenée vers la hanche, il porte une corne d'abondance. École de Padoue, XVIe siècle.

Haut., 22 cent.

146 — Deux statuettes se faisant pendants : l'une représente un fleuve tenant une urne renversée sur son épaule droite, l'autre une femme luttant contre un serpent. Italie, XVIIe siècle.

Haut., 14 cent.

147 — Apollon debout et nu, la jambe gauche relevée ; il s'appuie de la main droite sur une lyre et de la gauche retient une draperie ; à ses pieds sont déposés des livres fermés. École vénitienne, fin du XVIe siècle.

Haut., 19 cent.

148 — Persée (?) debout et nu, coiffé d'un pétase ; du pied gauche, il foule une tête coupée, de la main droite, il brandissait une épée qui a disparu et de la gauche retient une draperie. École vénitienne, fin du XVIe siècle.

Haut., 20 cent.

149 — Méléagre debout et nu dirigé vers la droite : de la main droite, il brandit un javelot ; il est imberbe et porte les cheveux courts et frisés. Socle en bronze ciselé et doré. Italie, fin du XVIe siècle.

Haut., 29 cent.

150 — Deux génies se faisant pendants : ces figurines qui portent des traces de dorure proviennent sans doute de la décoration d'un meuble. Italie, fin du XVIe siècle.

Haut., 8 cent. et 9 cent.

151 — Deux plaques d'entrées de serrure de coffre en bronze doré, décorées de figures de captifs, de trophées d'armes et d'écussons. Travail italien, XVIe siècle.

Haut., 17 cent. ; larg., 17 cent.

152 — Mars : le dieu de la guerre est représenté debout, la jambe droite portée en avant, coiffé d'un casque, chaussé de sandales : il

est vêtu d'une cuirasse antique décorée de fleurons ; il appuie la main gauche sur la hanche et de la droite tient une lance courte. Travail italien, XVIIe siècle.

Haut., 54 cent.

153 — La Paix : elle est représentée sous les traits d'une femme debout vêtue d'une tunique de style antique qui laisse la poitrine à moitié découverte ; de la main droite, elle tient une torche renversée dont elle met le feu à un trophée d'armes. Travail italien, XVIIe siècle.

Haut., 55 cent.

154 — Grand marteau de porte composé de deux figures de dauphins affrontés et réunis par un mascaron. Travail vénitien, XVIIe siècle.

Haut., 56 cent.

155 — Grand marteau de porte semblable au précédent. Travail vénitien, XVIIe siècle.

Haut., 56 cent

156 — Hercule debout, la jambe droite relevée ; il est drapé dans la peau du lion de Némée : de la main droite il tient une massue et, de la gauche étendue, porte les pommes du jardin des Hespérides. Socle en bois noir décoré de plaques d'agate. Italie, XVIIe siècle.

Haut., 20 cent.

157 — Brûle-parfum de forme hexagonale formant une cage composée de volutes ; le couvercle est décoré, lui aussi, de volutes renversées et terminé par un bouton percé à jour. Italie, XVIIe siècle.

Haut., 145 millim.

158 — Amour : il est représenté accroupi, les ailes ouvertes, les mains étendues. Italie, XVIIe siècle.

Haut., 8 cent.

159 — Support de vase composé d'un ours dressé sur ses pattes de derrière tenant un balustre muni de griffes mises en mouvement par une vis. Bronze doré et argenté. Allemagne, XVIIe siècle.

Haut., 13 cent.

160 — Pièce de fontaine en forme de dragon replié deux fois sur lui-même, la gueule ouverte; entre les dents une pomme d'où jaillissait le jet d'eau. Travail français, XVIIe siècle.

Long., 90 cent.

161 — Petit cadre rectangulaire orné de feuillages et de têtes de chérubins. Époque Louis XIII.

Larg., 11 cent.

162 — Grande buire à anse et goulot droit en cuivre jaune, couverte d'ornements et d'inscriptions gravées. Travail persan.

163 — Bec de soufflet : il affecte la forme d'un animal fantastique moitié lion, moitié oiseau, couché sur le bec auquel il se cramponne par les serres.

Long., 25 cent.

PLAQUETTES

164 — Le Christ de pitié : le Christ est vu à mi-corps soutenu à droite et à gauche par la Vierge et saint Jean; trois petits anges soutiennent derrière ce groupe le linceul du Christ. Au bas la légende : ECCE : ANGNUS DEY. Travail flamand. XVe siècle.

Haut., 10 cent ; larg., 75 millim.

165 — Le Jugement de Pâris : Pâris est assis sous un arbre tenant en main la pomme ; devant lui se tiennent debout les trois déesses : dans le ciel un amour. Giovanni delle Corniole. Florence, fin du XVe siècle.

Diam., 54 millim.

166 — Ariane dans l'île de Naxos : au centre Ariane assise sur un pilier, à droite et à gauche quatre bacchants tenant des trophées. Giovani delle Corniole. Florence, fin du XVe siècle.

Diam., 55 millim.

167 — Un combat : un cavalier, monté sur un cheval au galop dirigé vers la droite, vient de faire tomber la tête d'un guerrier qui se protège avec son bouclier. Légende : DUBIA FORTUNA. Moderno, commencement du XVIe siècle.

Diam., 52 millim.

168 — Saint Jérôme : le saint demi-nu, tourné vers la gauche, est agenouillé à l'entrée d'une grotte au pied d'un crucifix ; de la main droite, il tient une pierre dont il va se frapper la poitrine ; près du saint on aperçoit un lion et un chapeau de cardinal ; fond de mer et de montagnes. Bronze doré. Moderno, commencement du XVIe siècle.

Haut., 87 millim. ; larg., 67 millim.

169 — Adoration des Mages : Au premier plan, à droite, est assise la Vierge à l'entrée de l'étable : elle présente l'Enfant Jésus à l'adoration des Rois Mages. Au fond, la suite des Mages au milieu d'un paysage montagneux. Moderno, commencement du XVIe siècle.

Haut., 10 cent. ; larg., 67 millim.

170 — Plaquette circulaire représentant au centre un homme nu assis accompagné de deux figures debout, l'une de femme, l'autre d'homme également nu. Au second plan, un personnage vêtu d'un manteau. Italie, XVe siècle.

Diam., 35 millim.

171 — Médée en buste et de profil à droite : sa poitrine est recouverte d'une draperie légère ; ses cheveux frisés sont coiffés d'un casque grec. Légende : MEDEA. Bronze ovale. Imitation de l'antique. Italie, fin du XVe siècle.

Haut., 62 millim.

172 — Portrait de femme en buste et de profil à droite ; le buste est entouré d'une draperie : ses cheveux relevés et noués derrière la tête sont ornés de fils de perles ; sous l'épaule la signature : A R. Italie, XVIe siècle. Bronze ovale.

Haut., 6 cent.

173 — Vénus : Vénus demi-nue assise au pied d'un arbre va se frapper d'une flèche qu'elle a dérobée à l'Amour étendu à ses côtés. Fond de paysages et de fabriques. Travail allemand, fin du XVIe siècle. Bronze doré.

Diam., 75 millim.

174 — L'Amour piqué par les abeilles : l'Amour enfant, un carquois en sautoir, poursuivi par un essaim d'abeilles, se précipite vers sa mère qui tend les bras pour le recevoir. Allemagne, fin du XVIe siècle.

Haut., 61 millim ; larg., 87 millim.

COUTELLERIE

175 — Couteau et fourchette; les manches sont d'argent gravé et nickelé terminés par des boutons d'argent ciselé. Travail italien, fin du XVIe siècle.

176 — Cuiller à encens en argent et en vermeil; le manche est terminé par un bouton orné de feuillages et de petits anneaux mobiles. Travail allemand, XVIe siècle.

177 — Cuiller en argent en partie doré et gravé, dont le manche est terminé par un bouton feuillagé et de petits anneaux mobiles. Travail allemand, XVIIe siècle.

178 — Cuiller d'argent portant sur son cuilleron une imitation d'inscription; le manche est terminé par un bouton feuillagé et des anneaux. Allemagne, XVIIe siècle.

179 — Cuiller de vermeil à manche en spirale terminé par des mascarons. Sous le cuilleron, une inscription. Travail russe, XVIIe siècle.

180 — Couteau et fourchette en argent ciselé et gravé, à manche terminé par des mascarons. Travail vénitien, XVIIe siècle.

181 — Petite cuiller en vermeil, à manche composé d'une figurine d'homme barbu terminé en gaine, accompagné de cuirs découpés. XVIIe siècle.

182 — Deux trousses composées de huit pièces : grattoirs, cure-dents, etc. Travail allemand, XVIIe siècle.

183 — Couteau et fourchette ; la fourchette et le manche du couteau, de bronze doré, sont décorés de mascarons de femmes et de têtes d'anges. XVIIe siècle.

184 — Grand couteau pointu à lame gravée ; le manche d'ivoire est formé par un lion tenant un écusson d'armoiries. XVIIe siècle.

185 — Couteau ; le manche d'ivoire est formé par une figure de personnage portant le costume de Louis XIV. Travail flamand. XVIIe siècle.

186 — Deux grattoirs : l'un pointu, l'autre rond à son extrémité, à lames gravées et dorées, à manches d'os sculptés terminés par des têtes de perroquets. Travail allemand, XVIe siècle.

187 — Deux grattoirs : l'un pointu, l'autre carré à son extrémité, à lames gravées et dorées, à manches d'os sculptés terminés par des têtes de femmes. Allemagne, XVIIe siècle.

188 — Grand couteau à manche d'ivoire sculpté représentant Vénus et l'Amour et Mercure enlevant Psyché. Travail allemand, XVIIe siècle.

189 — Couteau et fourchette en fer, à manches d'ivoire sculpté, surmontés de têtes de lions dont le corps se termine en gaine. Travail flamand, XVIIe siècle.

190 — Couteau : le manche d'ivoire sculpté représente Bacchus, une femme et un petit génie à cheval sur un tonneau. Flandres. XVIIe siècle.

191 — Fourchette de fer à manche d'ivoire sculpté représentant un homme caressant une femme. XVIIe siècle.

192 — Couteau à manche d'ivoire terminé par une figure de femme en gaine. Travail flamand, XVIIe siècle.

193 — Six couteaux à manches d'ivoire montés en argent, taillés à facettes et incrustés de cuivre et d'ivoire vert. Travail italien, XVIIe siècle.

194 — Couteau et fourchette à manches de cuivre décorés de chaînettes et terminés par des boutons en forme d'olives. Travail français, XVIIe siècle.

195 — Couteau et fourchette à manches d'argent terminés par des têtes de chérubins. XVIIe siècle.

196 — Couteau et fourchette semblables aux précédents.

197 — Fourchette à manche de cuivre terminé par une figure de lion soutenant des armoiries. Travail flamand, XVIIe siècle.

198 — Fourchette pliante à manche de fer ciselé et incrusté d'argent. Travail français, XVIIe siècle.

199 — Couteau et fourchette à manches d'argent représentant une figure de femme jouant du tambourin et un homme jouant de la musette. XVIIe siècle.

200 — Grand couteau à manche d'argent représentant la Charité. XVIIe siècle.

201 — Couteau à manche plaqué de nacre terminé par un bouton ajouré. XVIIe siècle.

202 — Couteau à manche plaqué d'argent estampé. Travail italien. XVIIe siècle.

203 — Couteau à manche de cuivre terminé par une figure de femme en gaine. XVIIe siècle.

204 — Fourchette en fer ; le manche ciselé est terminé par une figure de lion soutenant des armoiries. XVIIe siècle.

205 — Couteau à manche d'argent formé par une figure en gaine représentant l'Automne. XVIIe siècle.

206 — Couteau à manche d'argent terminé par une tête de femme. Travail allemand, XVIIe siècle.

207 — Couteau à manche plaqué de nacre. Travail italien, XVIIe siècle.

208 — Fourchette pliante à manche de cuivre ciselé plaqué de nacre. Travail espagnol, XVIIIe siècle.

209 — Petite fourchette en argent à manche plat décoré de rinceaux gravés. Travail allemand, XVIIe siècle.

210 — Couteau et fourchette à manches de bois serti en argent. Travail allemand, XVIIIe siècle.

211 — Couteau et sa gaine : manche en buis sculpté composé de figures de génies supportant un écusson de style rocaille ; sur l'étui, plus ancien, sont représentés les douze Apôtres et l'histoire de l'Enfant prodigue.

212 — Couteau et fourchette à manches en buis sculpté composés d'enfants au milieu de feuillages. Travail flamand, XVIIIe siècle.

213 — Couteau à manche en buis sculpté représentant Samson et un philistin. Travail flamand, XVIIIe siècle.

214 — Couteau ou stylet à manche d'ivoire sculpté tourné en spirale, à lame découpée à jour, incrustée de cuivre et gravée. Travail espagnol, XVIIIe siècle.

215 — Couteau et fourchette à manches d'ivoire décorés d'incrustations d'argent représentant des oiseaux et des fleurs. Travail espagnol ou portugais, XVIIe siècle.

216 — Cuiller en vermeil à manche ciselé et gravé terminé par quatre mascarons adossés. Travail hollandais, XVIIe siècle.

CLEFS

217 — Clef à canon cylindrique à panneton rempli d'engrêlures de style gothique, XVIe siècle.

218 — Clef à canon cannelé muni d'une garniture intérieure : le panneton est ajouré, l'anneau méplat est rempli d'engrêlures de style gothique. XVIe siècle.

219 — Clef : le canon est en forme de trèfle, l'anneau méplat est ajouré et surmonté d'une couronne feuillagée.

220 — Deux clefs à canons triangulaires : les anneaux se composent de figures de dauphins et de figures de chimères adossées ou affrontées.

221 — Cinq clefs à canons en forme de balustre strié en sa longueur ; les anneaux sont plats et découpés à jour. XVIIe siècle.

222 — Quatre clefs présentant les mêmes dispositions que les précédentes. XVIIe siècle.

223 — Six clefs à anneaux plats découpés à jour. XVIIe siècle.

224 — Trois clefs à pannetons plats décorés de chiffres et de couronnes. XVIIe siècle

225 — Petite clef à canon quadrilobe et à anneau plat décoré de feuillages. XVIIe siècle.

226 — Clef à canon triangulaire; anneau composé de deux figures fantastiques adossées et séparées par trois têtes superposées.

227 — Deux clefs à canons triangulaires; l'anneau de l'une d'elles est composé de deux dauphins.

228 — Deux clefs; l'anneau de l'une d'elles est formé de deux dauphins.

229 — Deux clefs; l'une a un canon triangulaire et un anneau formant édicule à jour muni d'un balustre à sa partie centrale; l'anneau de la seconde forme une rosace ajourée de style gothique. XVIe siècle.

230 à 232 — Environ vingt clefs de styles et d'époques très différents.

ARMES

233 — Arquebuse à rouet; le fût et la crosse à pied de biche sont de bois de noyer incrusté de figures d'animaux et de rinceaux en ivoire, corne de cerf et nacre. Le canon, à pans dans toute sa longueur, est rayé. La platine est décorée de quelques gravures. Travail allemand. Fin du XVIe siècle.

Long., 1 m. 13 cent.

234 — Arquebuse à rouet; le fût est de bois de noyer incrusté de bouquets de fleurs et de figures d'animaux en ivoire, corne de cerf et nacre. La sous-garde, la platine et le canon taillé à pans vers la culasse, sont de fer tout uni. Travail allemand. Fin du XVIe siècle.

Long., 1 m. 23 cent.

235 — Quatre pièces : canon de pistolet décoré de ciselures, fer d'esponton aux armes d'Autriche, batterie de pistolet et fragment de bois de pistolet.

236 — Pistolet à rouet à crosse de noyer munie d'un sabot de fer ciselé. Le pontet est découpé à jour. Sur la culasse du canon, on lit la signature : *Piero inzi Franci*. Travail italien. XVIIᵉ siècle.

Long., 47 cent.

237 — Paire de pistolets ; la crosse est de noyer sculpté, le pommeau et la sous-garde sont décorés de ciselures se détachant sur un fond doré ; le canon taillé à pans est d'acier bleui incrusté d'or.

Long., 185 millim.

238 — Stylet à lame triangulaire décoré de devises latines et de chiffres ; la poignée est en forme de croix et terminée par un bouton côtelé. Allemagne. Fin du XVIᵉ siècle.

Long., 24 cent.

239 — Canon de pistolet taillé à pans vers la culasse et légèrement évasé à l'extrémité : il est orné de rinceaux damasquinés d'or. Italie. Fin du XVIᵉ siècle.

Long., [illegible] cent.

240 — Canon de pistolet taillé à pans vers sa culasse et décoré dans toute sa longueur de motifs d'ornements incrustés d'argent s'enlevant en relief sur un fond noirci. Ce canon a été transformé pour être adapté à une arme moderne dite à piston. Italie. XVIIᵉ siècle.

Long., 47 cent.

241 — Dague à lame quadrangulaire ; les quillons de fer ciselé figurent deux prisonniers, le pommeau de fer est orné d'une figure de cavalier.

Long., 435 millim.

242 — Dague ; le fourreau est de fer incrusté d'or et d'argent : la même décoration se retrouve sur le pommeau et sur les quillons que décorent des plaques ornées d'incrustations de corne de cerf.

Long., 42 cent.

243 — Épée : la garde se compose d'une coquille décorée d'imbrications sur laquelle se relèvent deux branches terminées par des têtes d'animaux. Le pommeau est formé d'une tête de lion de haut-relief. Travail espagnol. XVIIe siècle.

Long., 1 m. 6 cent.

450 — 244 — Petit sabre recourbé à lame gravée ; la poignée à quillons chantournés ainsi que le pommeau sont de fer incrusté d'or ; le fourreau est de cuir noir estampé et muni d'une bouterolle et d'une entrée également de fer incrusté d'or.

Long., 66 cent.

245 — Trois pièces : deux lames d'épée et une lame de dague.

246 — Claymore : la poignée en forme de corbeille est de fer reperсé à jour ; la lame est décorée de gravures et de devises. Fin du XVIIe siècle.

Long., 88 cent.

247 — Couteau de veneur à manche de fer incrusté de feuillages et de fleurs d'argent. Travail italien. XVIe siècle.

Long., 33 cent.

248 — Sabre oriental de forme recourbée, fourreau et poignée en argent repoussé et doré.

Long., 74 cent.

249 — Casse-tête javanais en bois de fer décoré de gravures.

250 — Paire d'étriers en fer à branches latérales mobiles. XVIIe siècle.

Haut., 14 cent.

251 — Fourreau de trousse en fer repoussé décoré de médaillons ovales entourés de rinceaux et de fruits. Travail espagnol. XVIIe siècle.

Long., 26 cent.

FERS

252 — Plaque de fer taillée à huit pans, découpée à jour et décorée d'arabesques de fleurs et de feuillages damasquinés d'or. Travail persan, XVIIe siècle.

Diam. 11 cent.

253 — Canon d'autel en fer en forme de tableau supporté par un pied composé d'une base circulaire et d'une tige en balustre ; le tableau entouré de cuirs découpés est surmonté des figures de la Vierge et de Saint Jean ; d'un côté on lit le commencement de l'Évangile selon Saint Jean, de l'autre est représentée Sainte Marthe dans un médaillon entouré de feuillages et d'oiseaux. La décoration de cette pièce est obtenue au moyen de la gravure et d'incrustations d'or et d'argent. Venise, XVIe siècle.

Haut. 33 cent.

254 — Pommeau en fer ciselé portant des traces de dorure et composé d'un chapiteau et d'un vase superposés. XVIe siècle.

Haut., 55 millim.

255 — Porte-étendard en forme de volute, décoré de feuillages et d'une tête de singe à son extrémité. Travail italien, XVIe siècle.

Long., 30 cent.

BIJOUX

256 — Médaillon de forme circulaire muni d'une bélière et serti d'une torsade d'argent doré ; il est décoré de deux plaques niellées représentant, l'une la Nativité, l'autre le Christ mort sur les genoux de la Vierge. Italie, XVe siècle.

Diam., 58 millim.

257 — Crucifix monté sur un pied à six lobes : les bras de la croix sont terminés par des feuillages épanouis ; deux branches surmontées

de feuilles servent de supports à la Vierge et à Saint Jean à droite et à gauche du Christ. Argent doré. Travail flamand, commencement du XVIe siècle.

Haut., 85 millim.

258 — Petit amorçoir en forme de trapèze composé de deux plaques d'argent niellé réunies par une monture de bronze doré. Sur l'une des plaques on voit la chute de Phaéton, sur l'autre des armoiries surmontées d'un casque fleuronné et d'un cerisier affectant la forme d'une tête de cheval. Italie, XVIe siècle.

Haut., 74 millim.

259 — Croix-reliquaire en or émaillé, décorée sur une de ses faces de la représentation des instruments de la Passion. Travail espagnol du XVIe siècle.

Long., 82 millim.

260 — Croix pectorale en cristal de roche taillé à pans coupés, montée en or émaillé et décorée sur chacune de ses faces d'une croix fleurdelisée émaillée vert. Travail espagnol du XVIe siècle.

Long., 87 millim.

261 — Bague en or ciselé et émaillé, décorée sur son chaton d'un génie en haut-relief émaillé au naturel. A l'intérieur de l'anneau est gravée une légende. Travail italien du XVIe siècle.

Diam., 12 millim.

262 — Bijou pendentif en forme de coquille, émaillé de vert et entouré d'émeraudes taillées en table. La bélière est également décorée d'émeraudes. Travail espagnol, XVIIe siècle.

Haut., 7 cent.

263 — Collier en or émaillé composé de volutes affrontées séparées par des fleurons. Travail espagnol, XVIIe siècle.

264 — Médaillon octogonal en or émaillé de vert représentant une divinité hindoue à tête de lion. Travail indien, XVIIe siècle.

Haut., 47 millim.

265 — Six médaillons oblongs et à angles coupés composés de fleurs et d'oiseaux en haut-relief et exécutés en émaux de couleurs sur argent. Époque Louis XIII.

266 — Trois petites couronnes de fleurs émaillées sur or en ronde-bosse et en trois dimensions.

267 — Bijou pendentif du temps de Louis XIII formé d'un perroquet entouré de fleurs, en or émaillé en couleurs et enrichi de petites émeraudes.

268 — Médaille commémorative : toute la décoration de cette pièce d'argent consiste en un travail de gravure dont les tailles ont été remplies d'un mastic noirâtre : d'un côté on voit une dame et un personnage en costume du XVIIe siècle se donnant la main, de l'autre sont représentées les Noces de Cana. Ces scènes sont accompagnées de légendes en flamand. Flandres, XVIIe siècle.

Diam., 58 millim.

269 — Figurine d'Hercule debout couronné : d'une main il tient sa massue et de l'autre il imite le geste du Mannkenpisse. Argent fondu.

Haut., 85 millim.

270 — Médaillon rectangulaire en cuivre découpé à jour, champlevé et émaillé, offrant le monogramme de la Vierge surmonté d'une couronne. Travail catalan, XVIIe siècle.

Larg., 60 millim.

271 — Ceinture tissue d'argent, décorée de six médaillons d'or enchâssant des cabochons de pierres de couleurs. La boucle en forme de serpent est aussi d'or et décorée de la même manière. Travail oriental.

Long., 77 cent.

ORFÈVRERIE

272 — Calice en cuivre doré et émaillé; le pied est lobé, le nœud est décoré de six médaillons en partie émaillés représentant des bustes de saints personnages. La coupe en forme de tulipe est d'argent doré. Travail siennois. XVe siècle.

Haut., 21 cent.

273 — Calice en cuivre gravé, doré et émaillé. Le pied est lobé et décoré de médaillons circulaires représentant des saints en buste. La coupe est d'argent doré. Travail siennois, XVe siècle.

Haut., 19 cent.

274 — Cadre en argent ciselé et repoussé; il affecte la forme d'un fronton supporté par deux pilastres posés sur un soubassement décoré de moulures feuillagées. Italie, XVIe siècle.

Haut., 37 cent.; larg., 22 cent.

275 — Coupe couverte composée d'une noix de coco montée sur un pied en bronze doré en forme de balustre, serti de frettes de métal terminées par de petits bustes d'appliques. Sur les bords de la coupe, on voit des arabesques et des bustes inscrits dans des médaillons circulaires. Travail allemand, XVIe siècle.

Haut., 27 cent.

276 — Hanap de forme cylindrique légèrement évasée, décoré sur son pourtour de grands médaillons ovales, entourés de cuirs découpés et de bouquets de fruits, et renfermant des représentations d'animaux au milieu de paysages. Le pied en forme de balustre évasé, ainsi que le couvercle terminé par un bouton aplati, sont également décorés de cartouches et de bouquets de fruits. Cuivre repoussé et argenté. Travail allemand, XVIIe siècle.

Haut., 33 cent.

MATIÈRES DURES

277 — Cadre de forme ovale composé de huit pièces de cristal de roche gravé réunies par une monture en argent doré ornée de cartouches découpés à jour. Travail allemand, XVIIe siècle.

Haut., 36 cent.; larg., 28 cent.

278 — Coupe en jaspe sanguin; elle affecte la forme d'une coquille godronnée, décorée à l'une de ses extrémités d'une tête de cheval marin de haut relief; la tige en forme de balustre repose sur un pied circulaire orné de moulures. Monture en argent doré. XVIIe siècle.

Haut., 175 millim.

279 — Coupe circulaire en agate de teinte rougeâtre montée sur un pied en balustre à triple renflement. Monture en bronze doré. XVIIe siècle.

Haut., 14 cent.

280 — Coupe en agate grise tachetée de brun, de blanc et de jaune.

Haut., 45 millim.

281 — Trois tasses en agate, accompagnées de leurs soucoupes.

Haut., 4 cent.; 5 cent.; 5 cent.

282 — Petite coupe circulaire légèrement ovoïde en agate tachetée et rouge.

Haut., 55 millim.

283 — Deux petites coupes ovales en agate.

Haut., 95 millim.; larg., 108 millim.

284 — Coupe d'agate en forme de coquillage, sculptée de feuillages et de fleurs, de poissons et d'entrelacs réservés dans l'une des couches de la pierre. Pied en lapis.

Haut., 14 cent.

285 — Coupe de lapis en forme de nautile, décorée à l'une de ses extrémités d'une large feuille.

Larg., 135 millim.

286 — Plateau en jade de teinte vert sombre affectant la forme d'une feuille de nénuphar. Travail chinois.

Larg., 235 millim.

SCULPTURES

287 — Buste d'empereur romain, la barbe courte et les cheveux frisés; il est vêtu d'une tunique et d'une draperie croisée sur la poitrine. Terre cuite émaillée de blanc. Atelier de Giovanni della Robbia. Florence, XVIe siècle. Piédouche en granit.

Haut., 53 cent.

288 — La Vierge : elle est représentée en bas-relief de trois quarts à gauche, nimbée, un voile sur la tête couvrant à demi les cheveux. Ce buste d'applique s'arrête à la naissance des épaules. Marbre blanc. Travail italien, fin du XVe siècle.

Haut., 26 cent.

289 — La Vierge et l'Enfant Jésus : la Vierge est représentée assise à mi-jambes de trois quarts à droite, nimbée, les cheveux entourés de bandelettes, vêtue d'une robe à manches collantes et d'un manteau retenu sur la poitrine. Elle soutient sur ses genoux l'Enfant Jésus qui fait le geste de la bénédiction. Un lion ailé décore l'un des montants du siège de la Vierge. Travail italien. Commencement du XVIe siècle. Bas-relief. Marbre blanc.

Haut., 54 cent.; larg., 38 cent.

290 — Buste d'empereur romain; la tête est de profil, le buste et les draperies qui le recouvrent sont en marbres blanc et de couleur. Piédouche circulaire en marbre. Italie, XVIIe siècle.

Haut., 70 cent.

291 — Le repos en Égypte : la Vierge vêtue d'une longue robe, un voile sur la tête, est assise à terre; elle lève le visage vers le ciel et retient sur ses genoux l'Enfant Jésus endormi entouré de langes. Italie, XVIIe siècle.

Haut., 50 cent.

292 -- Pied de femme chaussé d'une sandale. Marbre blanc. XVIIe siècle.

293 — Demi-figure d'esclave nègre en basalte. Cette sculpture est placée sur une gaine dans laquelle sont sculptées des draperies qui masquent la partie inférieure du personnage.

Haut , 1 m. 90 cent.

294 — Buste de nègre en basalte monté sur un piédouche en marbre noir veiné de blanc. Une draperie de marbre blanc couvre les épaules du personnage. Italie, fin du XVIe siècle.

Haut., 60 cent.

IVOIRES ET BOIS

295 — Six plaques rectangulaires en ivoire gravé représentant la Charité, Abel tué par Caïn, Adam et Ève dans le Paradis terrestre, le passage de la mer Rouge, l'Adoration du Veau d'Or et David et Goliath. Travail flamand, XVIIe siècle.

296 — Quatre plaques circulaires en ivoire sculpté en bas-relief représentant des sujets mythologiques ou des sujets de sainteté. Travail flamand, XVIIe siècle.

297 — Deux manches de cachets affectant la forme de femmes nues et debout.

298 — Ecce homo : le Christ demi-nu est assis, tandis qu'un soldat lui pose un manteau sur les épaules. Bas-relief cintré dans le haut. Travail flamand, XVIIe siècle.

Haut., 8 cent.; larg., 5 cent.

299 — Petit bas-relief octogonal représentant cinq enfants se disputant un oiseau.

300 — Deux figures de lions couchés en ivoire sculpté.

301 — Gros grain de chapelet offrant d'un côté une tête de Christ mort, de l'autre une tête de mort couronnée de chêne. Travail flamand, XVIIe siècle.

302 — Statuette de la Vierge assise portant l'Enfant Jésus endormi sur ses genoux. Travail flamand, XVIIe siècle.

Haut., 87 cent.

303 — Socle circulaire en ivoire supporté par quatre lions à têtes de femmes couronnées.

304 — Bande d'ivoire de travail oriental découpé à jour, décoré de rinceaux de fleurs.

Long., 44 cent.

305 — Statuette équestre de l'impératrice Marie-Thérèse d'Autriche vêtue du costume impérial, un grand manteau jeté sur les épaules; d'une main elle tient un sceptre, de l'autre les rênes de sa monture qui marche au pas. Buis. Travail allemand, XVIIIe siècle.

Haut., 26 cent.

306 — Gaine de couteau en buis sculpté monté en argent; il est décoré, face et revers, de huit bas-reliefs finement exécutés, représentant des scènes de la Passion. Travail flamand, XVIe siècle.

Long., 17 cent.

307 — Six médaillons en bois sculpté, décorés de sujets bachiques. Travail allemand, XVIIe siècle.

Diam., 35 millim.

308 — Dix-sept plaquettes en bois noir incrusté d'ivoire gravé : figures grotesques dans le goût de *Callot* ; une des plaques représente le blason des Médicis. Elles datent du temps de Louis XIII et proviennent d'un cabinet.

OBJETS VARIÉS

MEUBLE

309 — Livre d'heures composé de deux cent quatre-vingts feuillets de vélin écrits à longues lignes avec nombreuses miniatures à pleine page et encadrements décorés de fleurs et de papillons sur fond d'or. Une miniature rapportée sur l'un des feuillets de garde apprend que ce livre a été fait pour *Anne Geperts de Leffinge*. Flandres, fin du XVe siècle. Reliure recouverte en soie.

Haut., 16 cent. ; larg., 12 cent.

310 — Feuillet d'antiphonaire décoré d'une lettre exécutée en miniature représentant un pape entouré de cardinaux. Travail italien, XVe siècle.

311 — Recueil de prières sur vélin, contenant quatre-vingt-huit feuillets décorés de plusieurs miniatures représentant des sujets de piété ou des armoiries. En tête du manuscrit se lisent la date de *1611*, le nom du possesseur du manuscrit : *Jean. Annibal Hutter de Hattershofen*. Reliure de velours rouge : fermoir et écoinçons en argent. Allemagne, XVIIe siècle.

Haut., 92 millim. ; larg., 68 millim.

312 — Reliure en cuir gaufré à médaillons de fleurs, garnie de deux fermoirs en fer ciselé à figures en relief. Italie, XVIe siècle.

313 — Petite glace de forme circulaire à double face : le cadre est de lapis et enchâsse deux cercles de vermeil sur lesquels des grenats alternent avec des appliques d'argent émaillé.

Diam., 14 cent.

314 — Cadre ovale en écaille incrustée d'argent doré surmonté d'un fronton en argent repoussé, décor de fleurs et de feuillages. Époque Louis XIV.

Haut., 26 cent. ; larg., 18 cent.

315 — Grand peigne en écaille blonde décoré sur la galerie qui le surmonte de feuillages découpés à jour sous des arcades d'architecture.

Haut., 17 cent.

316 — Coco sculpté à jour décoré de deux médaillons: dans l'un est représentée Minerve ; dans l'autre, une femme caressant une chèvre.

Haut., 85 millim.

317 — Manche d'éventail en ivoire composé d'une baguette décorée d'une frise de fleurs et d'oiseaux gravés et peints, surmonté d'une figure de Vénus. Travail italien. XVIIe siècle.

Long., 50 cent.

318 — Cadre d'ébène affectant la forme d'une façade d'architecture de style italien décorée d'incrustations d'agate et de lapis. Ce cadre italien enchâsse une peinture flamande sur cuivre représentant la Nativité. XVIIe siècle.

Haut., 41 cent.; larg., 27 cent.

319 — Soufflet plaqué sur chacune de ses faces d'ornements de cuivre fondu et ciselé à jour représentant un mascaron accompagné de rinceaux ; le bec est de bronze et orné de feuillages.

Long., 70 cent.

320 — Horloge en forme de crucifix; le mouvement est placé sous la base dans un boitier de cuivre doré découpé à jour qui contient aussi la sonnerie. Le cadran est formé par une sphère mobile placée en haut de la croix et dont chacune des parties vient se présenter devant un index fixe qui forme aiguille. Le mouvement est signé : IS. EB. *Styr.* Allemagne. XVIIe siècle.

Haut., 27 cent.

321 — Coffret en bois de forme rectangulaire à couvercle bombé décoré de bas-reliefs en pâte s'enlevant sur un fond doré et gravé ; les sujets représentés sur ce coffret sont empruntés à l'histoire romaine. Travail italien. XVe siècle.

Long., 22 cent.; haut., 13 cent.

322 — Coffret rectangulaire à couvercle plat muni d'un bouton central, décoré de bas-reliefs en pâte blanche rapportés sur fond doré. Travail italien. XVIe siècle.

Long., 19 cent.; haut., 12 cent.

323 — Coffret oblong vénitien en pâte rehaussée de peinture, à rosaces et ornements en relief. XVIe siècle.

324 — Coffret rectangulaire en bois décoré de reliefs en papier gaufré et peint représentant des feuillages et des fleurs. Travail italien. XVIIe siècle.

Long., 21 cent.; haut., 10 cent.

325 — Coffret carré monté en argent à colonnettes-appliques dans les angles et garni de peintures sous verre à fond d'or représentant des bustes d'homme et de femme entourés de feuillages.

326 — Coffret rectangulaire en ébène décoré sur son couvercle et ses quatre faces de cinq panneaux de mosaïque de Florence exécutée en relief.

Long., 40 cent.; larg., 32 cent.; haut., 25 cent.

327 — Dressoir; il se compose d'un corps inférieur décoré sur le devant d'une double arcature et au fond de trois panneaux chargés de serviettes; sur ce corps repose une sorte de bahut flanqué de colonnettes fuselées, muni d'un abattant pourvu de deux serrures. Cet abattant est divisé par des pilastres en trois panneaux chargés de feuillages et de figures de génies encadrant à droite et à gauche une tête d'homme et une tête de femme d'une forte taille et au centre un écusson sur lequel on lit la date 1536. Bois de chêne. Travail espagnol. XVIe siècle.

Haut., 1 m. 54 cent.; larg., 1 m. 41 cent.; prof., 50 cent.

ÉTOFFES

328 — Deux carrés et deux bandes d'ornements de dalmatiques de velours rouge décorés d'applications de soie jaune brodée d'or composant des arabesques qui entourent des médaillons exécutés au point couché. Espagne. XVIe siècle.

329 — Morceau de bande de velours rouge décoré d'un fleuron brodé de soie jaune et d'or. Espagne. XVIe siècle.

330 — Deux lambrequins de velours jaune à décor rouge à grands compartiments. Gênes. XVIe siècle.

331 — Bande de velours rouge décorée de rinceaux faits au moyen d'applications de soie jaune enrichie d'or. Espagne. XVIe siècle.

Long., 1 m. 45 cent.; larg., 28 cent.

332 — Quatre carrés et quatre bandes de dalmatiques de velours vert brodé de soie et d'or : décor de grotesques et d'arabesques de style italien. Espagne. XVIe siècle.

333 — Quatre carrés de dalmatiques et deux bandes de chasubles brodés d'or et de soie sur fond blanc ; des cuirs découpés et des arabesques encadrent des médaillons contenant des figures d'apôtres exécutées au point couché. Espagne XVIe siècle.

334 — Petit tapis de velours rouge encadré de bandes d'arabesques brodées d'or. Travail espagnol. XVIe siècle.

Long., 80 cent.; larg., 62 cent.

335 — Deux bandes de velours rouge de même décor, ornées de broderies et d'applications de soie et d'or, représentant des animaux et des dauphins enroulés autour de colonnes. Travail espagnol. XVIe siècle.

336 — Ornement de chasuble en velours rouge décoré d'applications de soie et de médaillons brodés rehaussés d'or, figurant les apôtres. Espagne. XVIe siècle.

337 — Deux morceaux de velours à fond blanc semés de croisettes et de rosettes rouges. Gênes. XVIe siècle.

338 — Petit tapis de velours blanc et rouge décoré en son centre d'une rosace environnée de rayons et sur ses bords de rinceaux courants. Venise. Fin du XVIe siècle.

339 — Trois bandes de satin jaune décorées d'applications de velours rouge, bordées de soie bleue figurant des rinceaux stylisés. Espagne. Fin du XVIe siècle.

340 — Grande bande de velours blanc et grenat décoré de cartouches et de rinceaux disposés symétriquement. Venise. XVIe siècle.

341 — Nappe de toile blanche encadrée de larges bandes de broderie de soie bleue à réserves blanches, représentant des fleurons et des personnages debout devant des fontaines que surmontent des figures d'amours.

Long., 1 m. 47 cent.; larg., 74 cent.

342 — Orfroi de chasuble décoré de trois personnages exécutés en broderie placés sous des niches d'architecture. Travail français. Commencement du XVIIe siècle.

TAPISSERIES

TAPIS

343 — Grande tapisserie tissée d'or et d'argent représentant, au premier plan, Diane assise entourée de ses nymphes ; au second plan, Apollon et Diane dardant une flèche. A droite, au second plan, trois nymphes jouant avec des chiens. Sujet tiré d'une composition d'Étienne Delaune. La bordure est décorée de figures debout ou assises alternant avec des trophées, des médaillons soutenus par des génies et de grosses guirlandes de fleurs. Elle est signée à gauche d'une fleur de lis accompagnée de la lettre Q et d'un monogramme formé des lettres H T conjuguées. France, XVIe siècle.

Haut., 4 m. 10 cent.; larg., 4 m. 35 cent.

344 — Grande tapisserie représentant, au premier plan, un personnage à longue barbe, coiffé d'un chapeau, qui vient trouver un jeune homme vêtu d'un riche costume. En arrière, plusieurs personnages debout semblent faire partie d'un cortège. Au second plan, à gauche, une litière traînée par des mules ; tout au fond, l'entrée d'un palais. Fond d'architecture orné de terrasses sur lesquelles se tiennent divers personnages hommes et femmes en costumes du commencement du XVIe siècle. Travail français du règne de François Ier.

Haut., 3 m. 46 cent., larg., 5 m. 80 cent.

345 — Bande de tapisserie en hauteur, décorée d'une figure de petite

fille, terminée en gaine, supportant des guirlandes de fleurs placées au-dessus d'un lambrequin et de rinceaux de style Bérain. France. XVIIᵉ siècle.

Long., 1 m. 70 cent.; larg., 47 cent.

346 — Fragment de bordure décoré de chimères, de griffons et de rinceaux sur fond brun clair. XVIIᵉ siècle.

Long., 1 m. 75 cent.; larg., 20 cent.

347 — Grande bande de tapisserie à fond noir, décorée de grandes tiges de fleurs, iris, pivoines, etc., encadrant deux médaillons contenant chacun deux écussons d'armoiries semblables deux à deux, sommés d'un casque dont des ramures forment les cimiers. Au milieu des fleurs, différents animaux. Les trois côtés de cette tapisserie sont ornés d'une bordure sur laquelle se développe une course de fleurs. Travail allemand. Commencement du XVIᵉ siècle.

Long., 4 m. 50 cent.; Haut., 95 cent.

348 — Tapisserie à fond rouge décorée de dessins, arabesques, réserves en rose, jaune et gris : large bordure à fond blanc ornée d'oiseaux et d'animaux accompagnés de feuillages : dans deux cartouches sont représentées des autruches qui peuvent être considérées comme pièces d'armoiries. Espagne. XVIIᵉ siècle.

Diam., 2 m. 24 cent.; larg., 2 m. 40 cent.

349 — Tapis à fond crème, décoré de fleurons symétriques de teintes brune et verte. Italie. XVIIᵉ siècle.

Long., 1 m. 70 cent.; larg., 1 m. 5 cent.

350 — Tapis brodé en laines de couleur sur fond de toile ; le centre est décoré de grandes rosaces polychromes sur fond vert semé de la représentation de divers animaux. La bordure est formée de trois bandes à fond noir ou rouge chargé d'arabesques ou de rosaces. Franges de laine couleur tannée.

Long., 3 m. 92 cent.; larg., 1 m. 70 cent.

www.ingramcontent.com/pod-product-compliance
Ingram Content Group UK Ltd.
Pitfield, Milton Keynes, MK11 3LW, UK
UKHW021945260726
13994UKWH00004B/1551

9 782329 489896